짜장면 공부책

만들면서 배우는
짜장면의 모든 것

짜장면 공부책

정원 글 · 경혜원 그림

초록개구리

차례

자꾸만 먹고 싶은 짜장면! ○ 6

1. 짜장면의 주인공 춘장 볶기 ○ 10
짜장면의 고향은 어디일까요? • 18
짜장면이 태어난 곳, 차이나타운 • 19

2. 영양 가득 재료 준비하기 ○ 20
여러 재료를 볶아 만드는 요리 • 26
한 그릇에 영양이 가득 • 27
중국요리를 만드는 조리 도구 • 28

3. 춘장과 어울릴 고기 준비하기 ○ 30
짜장면 배달에 꼭 필요한 가방 • 36
중국 음식점 이름은 다 비슷하다고? • 37
'우두머리'가 업신여기는 뜻으로 바뀌다니? • 38
시대마다 다른 짜장면값 • 39

4. 쫄깃한 면 준비하기 ○ 40

쭉쭉 늘어나는 수타면 • 46
어린이 입맛을 사로잡은 면 요리 • 47

5. 팬에 재료 넣고 볶기 ○ 48

소스를 걸쭉하게 만드는 물녹말 • 56
불 쇼가 짜장면을 더 맛있게 해 준다고? • 57
다양한 취향, 다양한 짜장면 • 58

6. 그릇에 예쁘게 담기 ○ 60

중국 음식점에서 빠질 수 없는 요리 • 64
짜장면에 하나 더, 단무지 • 65
중국 음식점에서 만나는 중국 문화 • 66

짜장면 완성! ○ 68
아빠표 짜장면 만들기 ○ 72
작가의 말 ○ 74

자꾸만 먹고 싶은 짜장면!

 오늘 학교 급식은 오랜만에 최고였어요. 내가 좋아하는 짜장면이 반찬으로 나왔거든요. 반찬으로 나왔다는 것은 무언가 부족했다는 뜻이에요. 밥 대신 먹기에는 양이 적었으니까요. 달콤하고 짭조름한 맛이 입안에 맴돌아서 집에 들어가자마자 아빠한테 큰 소리로 말했어요.
 "아빠, 짜장면 먹고 싶어요!"
 젓가락만 댔다 하면 호로록호로록 넘어가는 짜장면은 정말 맛있어요. 나는 면으로 만든 거라면 다, 다 좋아요. 국수, 짜장면, 스파게티, 쫄면, 소바, 우동 등 면이라면 다 좋아요. 꼭꼭 씹지 않아도 되고, 면발에 묻어 있는 소스도 맛있어요. 엄마, 아빠 안 계실 때 간단하게 먹는 즉석 면 식품은 또 얼마나 꿀맛인지 몰라요.

그중에도 요즘 가장 좋은 건 바로 짜장면이에요. 모르겠어요. 먹어도 먹어도 자꾸자꾸 먹고 싶은 짜장면. 이 짜장면 때문에 엄마, 아빠한테 잔소리 듣는 일이 잦아졌어요. 나는 하루에 한 번 꼭 짜장면이 먹고 싶은데 엄마, 아빠는 절대 안 된다고 하잖아요. 면 음식을 많이 먹는 건 좋지 않대요.

그래서 하루는 아빠한테 또박또박 물었어요.

"아빠, 하루 세끼 밥은 되는데, 면이 안 된다는 게 말이 돼요? 제가 사자성어 좀 쓰자면 '이해 불가'요."

아빠는 조금 난처한 표정을 지었지만 곧 편안하게 대답해 주었어요.

"면은 주로 밀가루로 만드는데, 이 밀가루는 밀로 만드는 거란다. 이건 준희도 알고 있지? 밀 자체는 여러 영양소가 들어 있는 훌륭한 곡식이야. 하지만 밀 껍질을 벗겨 내고 가루로 만들면서 우리 몸에 좋은 영양소가 빠져나가. 그러니 밀가루로 만든 음식만 먹는 건 몸에 별로 안 좋겠지?"

듣고 보니 아빠 말이 조금 이해되었어요. 짜장면이나 스파게티를 먹을 땐 다른 음식을 골고루 먹지 않게 되거든요. 아빠가 걱정할 만하다는 생각이 들었어요. 하지만 줄이는 건 다음부터, 오늘은 짜장면을 먹기로 했어요. 아빠도 알고 있거든요. 오늘 짜장면을 만들어 주지 않고 넘어가더라도 내일이고, 모레고 곧 짜장면을 만들게 될 거라는 걸요. 그럴 바에는 꼭 먹고 싶은 오늘, 짜장면을 만들어 주는 게 현명한 일이죠.

대신 나는 오늘 짜장면을 실컷 먹고 일주일 동안 꾹 참기로 약속했어요. 다양한 음식을 골고루 먹어야 하니까요. 만약 떼쟁이 동생 완이가 짜장면 먹고 싶다고 우기면 그땐 또 모르죠.

아빠는 짜장면을 만들기 전, 늘 그렇듯이 이를 앙다물고 비장한 표정을 지어 보였어요.

"아빠, 짜장면 만드는 게 그렇게 대단한 거예요?"

"그럼. 짜장은 아주 간단하게 만들 수도 있지만, 제대로 만들자면 손이 좀 가는 음식이지. 원하는 맛을 내려면 엄청난 집중력이 필요하단다. 하지만 괜찮다. 우리 딸이 원하는 거라면 이런 수고쯤이야, 하하."

"그럼 아빠, 우리 시켜 먹을까요?"

"아니다, 아빠 솜씨를 발휘할 기회인데 놓치면 안 되겠지?"

아빠의 웃음이 좀 억지스러워 보였지만, 나는 모른 척하기로 했어요. 아빠가 영화에서 본 소림사 고수 같은 자세를 취했어요. 아, 기대돼요!

 1. 짜장면의 주인공 춘장 볶기

아빠가 냉장고를 뒤지기 시작했어요.

"춘장이 어디 있더라."

"두 번째 칸 저 안쪽에 있어요. 지난번에 쓰고 남은 거요. 소비기한 안 지났을 거예요."

"아, 저기 있다! 우리 준희 제법인데?"

아빠는 칭찬이 늘 넉넉해요. 아, 짜장면 양도 당연히 넉넉할 거고요. 그래서인지 모르겠지만 아빠랑 요리하는 건 참 재미있어요. 엄마가 부엌에서 이런저런 준비를 하다가 "준희야, 마늘 좀!", "준희야, 참기름 뚜껑 좀 열어 줄래?" 할 때는 왠지 숙제처럼 느껴지는데, 아빠가 춘장 찾는 모습을 보고 먼저 알려 주니 그렇게 기분 좋을 수 없어요. 아빠는 요리를 잘하지만 냉장고에서 재료를 찾는 일에는 영 서툴거든요. 그런 건 경험 많은 내가 최고예요.

아빠가 이번에는 싱크대 아래쪽에서 또 무언가를 찾기 시작했어요.

"아빠, 또 뭘 찾아요?"

"국자를 찾는데 말이다."

"국자는 저기 있잖아요!"

"아니, 그거 말고 중국집 국자 말이다! 전문가용!"

'전문가용'이라고 말하는 아빠의 얼굴이 너무 진지해서 웃음이 터질 뻔했어요. 하지만 나는 얼굴 전체를 일그러뜨리며 괴물 흉내를 냈어요. 아빠가 인상을 찌푸리며 대꾸했어요.

"헉, 짜장면 기다릴 때마다 나오는 괴물이구나! 그 괴물, 꼭꼭

recipe tip
── 춘장 볶는 법 ──

1. 우묵한 프라이팬을 불에 달군다.

2. 기름을 두른 뒤, 춘장을 넣는다.

3. 중간 불에 춘장이 몰랑몰랑 풀어질 때까지 볶는다.

4. 볶은 춘장은 기름에 담가 둔다.

숨은 물건 찾는 초능력은 없다니?"

"아쉽게도 이 괴물은 배고픈 게 취미, 배고픈 거 못 참는 게 특기예요. 어서 짜장면이요, 아빠."

"기다려라. 국자가, 국자가……."

아빠는 정말로 물건 찾는 데 소질이 없어요. 사실 내 눈에는 아까부터 국자 손잡이가 보였거든요. 아빠를 약 올리는 것도 재

아빠, 저기 있잖아요!

믿지만, 어서 짜장면이 먹고 싶어서 더는 참을 수 없었어요.

내가 국자 있는 곳을 가리키자 아빠는 찡긋 윙크하며 말했어요.

"우리 딸이 잘 발견할 만한 곳에 뒀지, 하하. 이거 없이는 춘장 안 볶는다."

아빠가 찾은 국자는 정말로 중국집에서 쓰는 것이래요. 지난번 우리 집에 시아가 놀러 왔을 때, 자기 아빠는 작은 국자로 요리하지 않는다며 아빠에게 도전장을 내밀었거든요. 시아 아빠는 중국집 사장님이에요. 아, 주방장도 겸하는 사장님이요.

아빠의 경쟁심이 불타오를 때는 딱 두 가지예요. 누군가 아빠만큼 게임을 잘하는 것 같을 때, 그리고 누군가 아빠보다 요리를 잘하는 것처럼 보일 때. 그러고 보니 우리 아빠, 지금 중식 요리사 시아 아빠와 경쟁하는 거였네요! 와, 역시 우리 아빠!

아빠는 달구어진 웍에 기름을 넉넉하게 두른 뒤 조금 기다렸다가 춘장을 넣었어요. 웍은 중국요리를 할 때 사용하는 우묵한 프라이팬이에요. 아빠가 중식 국자와 함께 마련한 거지요. 아빠는 곧 멋진 국자로 휙휙 저어 춘장을 볶았어요.

환풍기 팬이 세게 돌았고, 프라이팬에서 환풍기를 향해 연기가 구불구불 피어올랐어요. 아빠의 웍은 마치 마법사의 솥처럼 보였어요. 새까만 덩어리가 기름을 만나서 아빠의 주문과 함께 신비로운 맛의 짜장이 되는 거예요.

부엌 창가로 참새가 날아다니는 게 보였어요. 아빠가 춘장을 볶다가 웍 가장자리에 국자를 세 번 탕탕 치며 국자에 묻어 있던 묽은 춘장을 떨어뜨리자 참새가 파닥거리며 창 가까이 다가왔어요.

"아빠, 참새도 아빠 춘장 맛이 궁금한가 봐요."

"고거 참, 특급 요리 알아보는 눈은 사람이나 새나 같은가 보지?"

우리 아빠는 지금처럼 앞치마를 두른 채 잘난 척할 때가 가장 멋져요.

어느새 춘장이 다 볶아졌어요. 아빠는 오목한 그릇에 춘장을 담고 웍에 있던 기름을 조르륵 따라, 춘장이 기름에 잠기도록 했어요. 춘장이 공기에 닿으면 굳어서 못 쓴대요.

"아빠, 춘장 빛깔이 먹음직스러워요. 매끌매끌 반짝반짝 윤기가 최고예요!"

"요 녀석! 알랑대는 걸 보니 짜장면이 무

지 먹고 싶은가 보구나. 그런데 이건 이제 춘장이 아니라 '짜장'이다. 이렇게 기름에 볶은 춘장을 '짜장'이라고 하지."

"아, 그래서 짜장면인 거군요. 볶은 춘장에 여러 재료와 면을 곁들여서 먹는다 해서 짜장면! 이제 알겠어요."

나는 식탁 앞에 참새처럼 앉아 고개를 끄덕였어요. 배에서 꼬르륵하는 소리가 났어요. 나는 어깨를 으쓱해 보였어요.

"아빠죠? 하하, 서두르세요. 아빠 배 속에서 어서 짜장면 달라잖아요."

그러자 식탁 아래서 예상치 못한 공격이 들어왔어요.
"누나잖아. 내가 다 들었는데!"
"나 아닌데?"
"에이, 뭐 어때서. 누나, 기다려. 내가 아빠보다 더 빨리 만들어 줄게."

완이는 정말로 자기가 최고의 요리사라고 생각해요. 여태 만들어 준 요리들이 다 끝내주긴 했어요. 간장도 고추장도 없는 달걀 비빔밥, 김 위에 황태채를 올리고 돌돌 만 것, 석류알에 초코볼을 섞은 디저트 등 완이의 요리가 뭔가 그럴듯한 건 사실이에요.

아빠는 우리를 향해 중식 국자를 들어 보이며 활짝 웃었어요.
"완아, 우리 누가 더 멋진 짜장면을 만드나 내기할까?"

아빠가 승부욕에 불타 이글거리는 눈빛으로 완이에게 도전장을 내밀었어요.

짜장면 이야기

짜장면의 고향은 어디일까요?

짜장면을 만들 때 가장 중요한 재료가 무엇일까요? 바로 짜장면 특유의 달콤하고 짭조름한 맛을 내는 춘장이에요. 춘장은 고향을 떠나온 중국인이 직접 담가 먹던 톈멘장에서 시작되었어요. 춘장의 고향이 중국이니, 짜장면의 고향도 중국이지요.

그렇다면 춘장은 우리나라에 언제부터 있었을까요? 1882년에 구식 군대가 신식 군대와의 차별에 불만을 품고 '임오군란'을 일으키자 청나라는 조선을 돕는다는 이유로 군대를 보내왔어요. 이때 청나라 군대를 따라 제물포로 들어온 상인 중 부두에서 일하던 사람들이 기름에 볶은 춘장에 국수를 비벼 간단하게 끼니를 해결했는데, 이 음식이 짜장면의 원조인 '자장멘'이에요. 자장멘은 본래 톈멘장을 기름에 볶은 다음, 오이 같은 채소와 비벼 먹는 국수 요리예요. 지금도 산둥성의 옌타이 지역에서는 길거리에서 쉽게 맛볼 수 있는 음식이에요.

개항 이후, 제물포항의 부둣가
1883년에 개항한 제물포항에는 청나라 상인들이 많았어요.

짜장면은 자장멘보다 짠맛이 덜하고 소스에 물기가 더 많아요. 1948년에 설립된 인천의 한 식품 회사가 춘장에 캐러멜을 섞은 소스를 내놓았는데, 이 소스에 녹말가루를 녹인 물을 넣어 걸쭉하고 달콤하게 만든 것이 오늘날의 짜장 소스가 된 거예요.

제물포는 현재 인천으로 이름이 바뀌었어요.

짜장면이 태어난 곳, 차이나타운

차이나타운은 중국을 떠나 외국에서 중국인이 모여 사는 지역을 말하는데, 우리나라에는 인천에 맨 처음 만들어졌어요. 1883년 이후, 제물포항(현 인천항)을 다른 나라 사람이 이용할 수 있도록 허용하면서 우리나라에 들어오는 청나라 사람이 점점 늘어났어요. 청나라 상인은 밀가루, 비단, 설탕, 담배, 비누 등을 가지고 들어와 장사하며 자연스레 제물포에 터전을 잡았고, 점차 청나라 학교, 관청, 상점 등이 생겨났어요.

우리나라 최초의 중국요리 전문점도 차이나타운에서 시작되었어요. 이곳은 1908년에 '산동회관'이라는 이름으로 열었다가, 1912년에 '공화춘'으로 이름을 바꾸어 1983년까지 영업을 이어 나갔어요.

1990년대에 한국과 중국이 교류를 시작하면서 차이나타운은 역사적 의의가 깊은 관광 명소가 되었고, 중국 교류의 중심지 역할을 해 왔어요. 차이나타운에 들어서면 붉은색 바탕에 한자가 쓰인 간판이 줄지어 있어요. 중국의 전통 의상인 치파오, 전통차, 화려한 빛깔의 장식품 등 중국 문화를 엿볼 수 있어요.

공화춘 내부(위)와 바뀐 짜장면 박물관 전경
공화춘 건물은 중국 산둥 지방의 장인이 참여하여 지은 중정형의 중국식 건축물이에요. 2006년에 등록 문화재로 지정되었으며, 2012년에는 짜장면 박물관으로 새롭게 문을 열었어요.

짜장면 만들기 2. 영양 가득 재료 준비하기

아빠가 나를 향해 양파를 들어 보였어요.

"아빠가 가장 좋아하는 채소는?"

"양파요!"

이어서 아빠는 당근을 들고 갉아 먹는 시늉을 해 보였어요.

"그럼, 아빠가 가장 싫어하는 건?"

"당근!"

아빠는 당근을 싫어해요. 아, 정확하게 말하자면 기름에 달달 볶은 당근은 좋아하고, 조리하지 않은 생당근은 싫어해요.

"아빠, 그래도 텃밭에서 갓 캔 당근은 맛있지 않아요?"

내가 이렇게 묻자 아빠는 미간을 찌푸리며 대답했어요.

"아빠가 싫어하는 건 당근의 단단한 식감이야. 유일하게 싫어하는 당근 하나로 아빠를 그만 괴롭히면 좋겠구나. 너도 가지는 좋아하지 않잖아."

맞아요. 나는 당근, 셀러리, 양파, 감자, 피망처럼 씹었을 때 단단하고 아삭아삭한 채소는 거의 다 좋아해요. 하지만 물컹한 채소는 딱 질색이에요.

"그래도 아빠가 해 주는 가지튀김은 최고예요."

"인정해 줘서 고맙구나, 딸. 아빠 가지튀김 실력이 나날이 느는 이유야."

"저도 아빠의 취향을 인정할게요. 당근 말이에요."

아빠와 나는 서로의 취향을 존중해 주기로 했어요. 어쨌거나 짜장면에는 당근도, 가지도 안 들어가요.

"자, 양파를 썰어야지!"

아빠가 중식도를 들고 양파를 써는 모습은 꽤 멋있어요. 처음

재료 준비하는 법

1. 양파와 호박을 잘게 썬다.

2. 대파를 어슷하게 썬다.

3. 마늘을 저미고 생강을 다지거나 찧는다.

4. 껍질 깐 완두콩을 익힌다.

에 아빠가 꼭 중식도를 가지고 싶다고 했을 때, 엄마는 요리사도 아니면서 괜히 멋만 부린다고 핀잔을 주었어요. 하지만 지금은 엄마와 나 둘 다, 아빠는 중식도를 가질 자격이 충분한 사람이라고 인정해요. 물론 짜장면 요리사로서도 인정하지요.

아빠가 손목을 움직여 칼을 탁탁 내리치면 한 덩어리였던 양파가 작은 조각들로 툭툭 쪼개져요. 순식간에 그렇게 돼요. 나는 아빠 곁에서 그 모습을 보다가 나도 양파를 썰겠다고 했어요. 아빠가 잠시 눈을 가늘게 뜨고 의심스러운 듯한 표정으로 내 나이를 헤아리는 것 같았어요. 그러더니 잠시 뒤 아주 조심해야 한다, 하면서 칼을 건네주었어요.

아, 중식도는 지금껏 내가 들어 본 칼 가운데 가장 무거웠어요. 내가 들어 본 칼이라 하면, 음, 다섯 가지는 되는 것 같아요. 과일을 깎을 때 쓰는 과도, 빵을 썰 때 쓰는 빵칼, 집에서 수박이나 양배추를 썰 때 쓰는 손잡이가 큰 칼, 소꿉놀이용 플라스틱 칼, 캠핑을 가서 빨랫줄을 만들다가 아빠가 주머니에서 꺼내 써 보게 해 주었던 다용도 칼이에요.

어릴 적부터 썼던 플라스틱 칼은 이제 지겨워요. 얼마 전에도 학교에서 배추김치 담그기 수업을 할 때 그 플라스틱 칼을 가져가야 했어요. 작년에 깍두기 만들기 수업에도 가져갔지요. 안전하다는 거 말고는 아무 장점이 없는 플라스틱 칼은 다섯 살 완이나 쓰는 거예요. 난 이제 더 멋진 칼을 쓰고 싶어요.

"아빠, 저 이제 이 칼로 요리할 거예요. 정말 폼 나잖아요!"

"폼 나는 건 사실이다만, 아직은 위험해. 네 몸집에 비해 칼이 너무 크고 무겁단다."

"에이, 어린이를 위한 중식도도 있으면 좋겠다!"

"그렇구나. 그래야 어린이 중화 요리사도 나올 텐데 말이다."

나는 중식도를 다루는 건 조금 미루기로 하고, 대신 중식도로 썰어야 할 재료들을 준비하기로 했어요. 알맞은 재료를 준비하는 일은 이 이준희 담당이니까요. 양파는 꼭지 부분을 칼로 자른 다음, 얇은 껍질을 손으로 살살 벗겼어요. 호박은 여러 차례 깨끗이 씻어서 껍질째 준비하고요. 다른 재료들도 척척 챙겨 두었어요. 아빠는 양파에 이어서 호박을 썰더니, 대파를 어슷하게 썰고 마늘도 저몄어요. 생강도 다져 준비했지요.

모든 게 척척 일사천리로 준비되어 갔어요. 우리는 어느새 완두콩 껍질을 까고 있었어요. 짜장면은 정말 손이 많이 가는 음식이에요. 그래도 탁 누르면 툭 껍질을 벗고 튀어나오는 완두콩 까기는 지루할 틈 없이 재미있어요. 완두콩은 한 알 한 알 비슷해 보여도 생김새와 크기가 다 달라요. 꼬투리 밖으로 톡 튀어나오는 느낌이 참 좋아서 나는 필요한 양보다 훨씬 많은 껍질을 까고 말았어요.

꼬투리에서 빼낸 완두콩은 동글동글하고 보드라웠어요. 내 손톱만 한 콩이 각각 웃는 얼굴처럼 보여 예쁘고 귀여웠지요. 아빠는 완두콩을 끓는 물에 넣어 데쳤어요. 물이 끓을 때 소금을 한 자밤 넣는 건 내 차지였어요. 아, 자밤은 손가락 끝으로 한 번 집을 만큼의 양을 말해요.

완두콩이 다 익으면 차가운 물에 완두콩을 헹궈야 해요. 뜨거운 물에서 완두콩을 건지는 건 아빠 몫이었고, 그걸 찬물에 헹구는 건 내 몫이었어요. 차가운 물줄기에 닿은 완두콩들이 데굴데굴 체 안에서 굴러다니니, 초록빛이 점점 더 선명해졌어요.

작년에 담양에서 보았던 가로수의 초록빛만큼, 춘천 의암호에서 배 타고 지나며 본 숲의 푸른빛만큼 완두콩 빛깔이 예뻐서 나는 완이를 찾았어요.

멀리 있는 줄 알았는데, 완이가 바로 발밑에 있었어요. 평소 가지고 놀던 놀잇감이 아닌, 채소들을 가지고 말이죠. 양파는 껍질만 있었고(아빠가 양파는 하나도 안 떨어뜨린 거죠.), 호박은 소꿉놀이용 칼로 얼마나 짓이겼는지 은은한 노란 빛깔의 속살이 뭉개져 초록색 껍질과 따로 놀고 있었어요. 대파는 누렇게 변한 끝부분만 소꿉놀이용 망치로 두들겨 놓았어요. 물론 푸릇한 완두콩도 있었지요. 멀쩡한 게 몇 알이나 말이에요.

"내 짜장면에 들어갈 완두콩들을 언제 그렇게 슬쩍한 거야?"

나는 완이의 소꿉놀이용 도마와 냄비를 가리키며, 입술을 삐죽거렸어요.

"아빠가 요리를 꽤나 깔끔하게 한다고 생각했는데, 다 이유가 있었네요."

완이는 내가 뭐라고 하거나 말거나 자기 요리에 집중하고 있었어요. 그런데 다시 보니 소꿉놀이용 칼을 다루는 모습이 왠지 아빠와 닮았지 뭐예요.

자, 이제 채소 준비를 다 마쳤어요. 아빠도 완이도요. 잠깐 쉬어야겠다고 말하자 아빠가 고개를 저으며 안 된다고 했어요. 요리는 타이밍이 중요하다나요. 짧은 시간 안에 후다닥 해야 맛있는 요리를 만들 수 있대요. 아, 물론 아빠는 천천히 뭉근히 해야 하는 요리도 있다는 말도 덧붙였어요. 아빠가 요리에 대해 이런저런 이야기를 해 주실 땐 정말 멋있어 보여요. 진짜 요리사 같거든요.

완두콩이 자꾸 굴러오네?

여러 재료를 볶아 만드는 요리

짜장면에는 양파, 호박, 대파, 마늘 등 여러 채소가 들어가요. 채소뿐 아니라 고기도 넣지요. 짜장면처럼 기름에 채소와 고기를 볶은 뒤 소스로 맛을 내는 요리는 동서양을 가리지 않고 무척 많아요.

스파게티도 그렇고, 지중해나 중동 지역에서 먹는 스튜의 일종인 샥슈카도 그래요. 프랑스 요리인 라따뚜이도 비슷한 조리 과정을 거쳐요. 중국 음식은 대부분 다양한 재료를 넣고 볶아요. 우리나라에서도 돼지고기나 낙지, 생선 등을 갖은 채소와 양념으로 볶은 요리를 즐겨 먹어요.

무엇이든 볶아 먹는 요리는 불과 프라이팬만 있으면 만드는 간단한 음식처럼 보이지만 기후, 재료, 레시피 그리고 만드는 사람에 따라 맛과 빛깔이 다 달라요. 요리는 참 재미있는 세계지요?

한 그릇에 영양이 가득

짜장면은 인공 조미료를 많이 넣는다고 해서 맛있지만 몸에 나쁜 음식으로 취급되고는 해요. 하지만 고기와 채소를 적당히 섞어서 먹는다면 짜장면 역시 든든하고 맛있는 한 끼가 되어요. 짜장면에 어떤 재료가 들어가는지 알고서, 좋은 것을 충분히 넣는다면 나만의 멋진 짜장 요리를 만들 수 있을 거예요.

춘장
춘장은 중국의 톈멘장에서 시작되었어요. 톈멘장은 밀가루와 콩을 섞은 데 소금을 넣어 발효시킨 거예요. 여기에 캐러멜을 섞으면 오늘날 쓰는 춘장이 되어요. 춘장에는 탄수화물, 단백질이 들어 있어요.

돼지고기
돼지고기는 단백질이 풍부해 성장기 어린이에게 좋은 식재료예요. 짜장면을 먹으면 기름지면서 고소한 맛이 나는데, 돼지고기 때문이에요. 짜장면을 만들 때는 돼지고기를 갈아서 넣기도 하고, 깍두기 모양으로 뚝뚝 썰어서 넣기도 해요.

양파
양파는 19세기 말쯤 우리나라에 들어왔어요. 서양에서 들어온 파의 일종이라고 해서 '양파'라고 부르게 되었어요. 양파는 탄수화물, 단백질, 무기질 등 영양이 풍부해요. 돼지고기와 함께 먹으면 피를 맑게 해 주어요.

호박
짜장면을 만들 때는 주로 늙은 호박이 아닌 애호박을 써요. 애호박은 비타민이 풍부하고 소화에 도움을 주어요.

완두콩, 달걀, 오이 등
완두콩은 탄수화물, 단백질, 비타민이 풍부해 성장과 발육에 좋고 두뇌 활동에도 도움을 주어요. 짜장면을 그릇에 담은 뒤 맨 위에 올리는 고명은 완두콩 말고도 달걀, 오이, 무순 등 여러 가지가 있어요.

중국요리를 만드는 조리 도구

요리할 때는 재료, 조리 순서, 조리 시간, 위생, 정성 등 중요한 게 많아요. 물론 도구 또한 아주 중요해요. 만들고자 하는 요리에 꼭 알맞은 조리 도구가 있으면, 좀 더 수월하게 맛 좋은 요리를 완성할 수 있어요. 중국요리를 맛있게 만들 때 쓰는 대표적인 조리 도구는 세 가지예요.

중식도(중식 칼)

넓적하고 네모난 모양의 중식도를 중국에서는 '차이다오'라고 불러요. 중식도는 조금 무겁지만, 덕분에 힘을 적게 들이고도 재료를 쉽게 썰 수 있어요. 넓적한 면으로는 마늘 따위를 쉽게 빻을 수 있어요.
중식도 날은 가운데가 살짝 볼록해요. 날이 전체적으로 곡선 모양인 것은 직선보다 곡선이 베는 부위가 넓기 때문이에요.

웍

'웍'은 가마솥을 뜻하는 중국어 '확'의 광둥 지역 발음이에요. 가마솥처럼 가운데가 우묵하고 아주 묵직하게 생겼어요. 우묵한 아래쪽은 불이 직접 닿는 부분이에요. 중간 부분은 아래쪽에서 올라온 높은 열기와 재료의 수분이 만나면서 재료를 찌는 효과가 생겨요. 웍의 위쪽은 재료와 공기가 만나는 부분이에요. 여기서 재료가 잠깐 식기도 하고, 화구에서 올라온 불이 기름기 가득한 재료에 붙으면서 불 맛을 더하기도 해요.

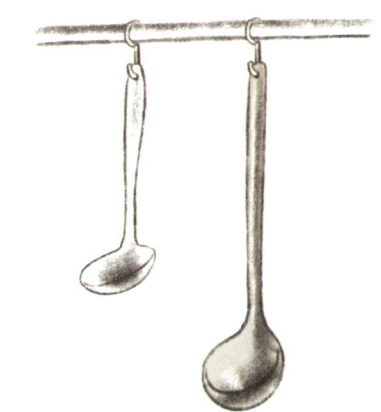

까오기

까오기는 보통 가정에서 쓰는 국자와 모양이 약간 달라요. 커다랗고 깊은 웍과 함께 사용하기 때문에 손잡이가 길어요. 또 까오기는 움푹 팬 국자 머리와 손잡이가 거의 직선에 가까운 모양이라 웍 안의 재료들을 볶기 편해요. 또 볶음밥을 퍼서 동그랗게 담아내는 것도 까오기의 역할이랍니다.

> 짜장면 만들기

3. 춘장과 어울릴 고기 준비하기

"준희야, 고기 좀 부탁한다."
"예썰!"
 나는 늘 고기가 있는 자리를 찾아 냉장고를 뒤졌어요. 우리 집 냉장고에서 고기를 찾는 일은 식은 죽 먹기예요. 항상 같은 자리에 있거든요. 물론 냉장고 맨 아래 칸에 고기가 한 가지만 있는 건 아니어서 나는 이따금 실력을 발휘해요. 하얀 빛깔의 지방이 거의 없고 표면이 매끈해 보이는 것은 돼지고기 안심이고, 비계와 살코기 부분이 강물 흐르듯 부드러운 무늬를 만들어 낸 것은 삼겹살이에요. 뒷다리 살이나 앞다리 살이 있기도 한데, 우리 집에선 보통 잘게 잘라 놓은 걸 사기 때문에 역시 한눈에 알아볼 수 있어요. 소고기는 돼지고기와 달리 선홍색을 띠기 때문에 금방 구분해요. 요리에 따라 알맞은 고기를 꺼내 오는 실력이 생긴 건 엄마, 아빠와 부엌에서 시간을 보낸 덕분이에요.

고기를 꺼내고 냉장고 문을 닫는데, 문에 붙은 자석 광고판이 보였어요. '북경 반점, 신속 배달' 그리고 아래에 지역 번호와 함께 'XXXX-8282'가 적혀 있었어요. 북경 반점은 엄마가 좋아하는 중국집이에요. 중국집 전화번호에는 숫자 '82'가 들어간 게 많아요. 배달 음식의 종류는 많고 많은데, 왜 중국집 전화번호는 하나같이 '82'를 붙일까요? 짜장면이 쉽게 불기 때문일까요? 불어 터진 짜장면은 맛이 없어요. 불면 면이 통통해지고 좌르르 까만 윤기는 사라져요. 그러면 눈으로 보기에도 맛없어 보이고 식감도 엉망이 되고 말아요. 물론 집에서 만들어 먹는 우리 아빠의 짜장면은 그렇게 될 리 없지만요.

언젠가 엄마에게 북경 반점에서만 주문하는 이유를 물은 적이 있어요. 그랬더니 엄마는 그 집 짜장면이 가장 맛있다고 했어요.

recipe tip
― 고기 준비하는 법 ―

1. 돼지고기 안심을 준비한다.   2. 키친타월로 핏물을 닦아 준다.   3. 고기를 사방 1cm 크기로 깍둑썰기 한다.

아, 빨리 오는 것도 북경 반점이 좋은 이유 가운데 하나라고 했죠. 엄마는 돌아서면서 문득 깨달았다는 듯 이렇게 덧붙여 말했어요.

"맞다! 빨리 오니까 맛이 있는 거겠지?"

맞아요. 배달시켜서 먹는 짜장면은 불지 않도록 재빨리 도착하는 게 최고의 기술인지도 몰라요.

엄마에게 그럼 가서 먹는 건 어떠냐고 물었어요. 그랬더니 엄마는 화들짝 놀라 손사래를 쳤어요.

"아니, 아니, 절대 안 돼! 짜장면은 배달시켜서 여기 소파에 앉아 텔레비전을 보면서 먹는 맛이지!"

하하, 엄마에게 짜장면은 그런 음식이에요. 하지만 나에게 짜장면은 아빠와 함께 긴 시간 동안 정성스럽게 만들어서 짧은 시간에 호로록 먹는 음식이에요.

내가 고기를 건네자 아빠가 키친타월로 핏물을 닦은 뒤, 고기를 깍두기 모양으로 썰었어요.

"아빠, 그런데 제가 좋아하는 고기가 아니에요."

"비계가 좀 없지? 아빠도 아쉽지만 오늘의 요리를 위해 참자. 짜장면은 살코기로 만들어야 제맛이란다."

나는 지금까지 먹었던 온갖 짜장면을 떠올려 보았어요. 얼마 전 북경 반점에서 시켜 먹었던 짜장면, 미술관 옆 중국집에서 먹

었던 짜장면, 할머니 할아버지와 유명한 중국집에서 먹었던 짜장면, 화교들이 직접 운영하는 음식점의 짜장면……. 다 기름기가 적었던 게 맞아요.

"그러고 보니 정말로 짜장면에 들어간 고기에는 비계가 거의 없었어요. 그렇죠, 아빠?"

"맞다, 우리 딸. 비계는 다음 기회로!"

"네! 비계는 다음 삼겹살 파티로!"

아빠와 내가 맞장구를 치며 깔깔거리자 거실 바닥에서 완두 꼬투리를 가지고 놀던 완이가 말했어요.

"나도 비계!"

나는 완이를 향해 대꾸했어요.

"아니, 넌 살코기. 비계랑 살코기도 구분 못 하는 꼬맹이, 흐흐."

완이는 심통이 났는지 완두 꼬투리를 버리고 옆에 있던 블록을 써는 시늉을 하며 다시 말했어요.

"아니야, 나도 살코기 말고 비계. 비계가 좋은 거지?"

아빠도, 나도 그런 완이가 귀여워서 그냥 항복했어요.

"그래, 너도 비계다, 비계."

완이가 웃었어요. 우리 식구는 고기 취향이 완전히 갈려요. 엄마와 완이는 살코기를 좋아하고, 아빠와 나는 기름기가 좀 있는 돼지고기를 좋아해요. 그러니까 짜장면에 최적화된 취향을 가지고 있다고 해야 할까요? 왜냐하면 옛날에는 무쇠로 만들어진 웍에 돼지비계로 기름을 내어 춘장을 볶았거든요. 이건 짜장면 박사인 아빠에게 들은 거예요. 하지만 정작 짜장면에 들어가는 고기는 지방이 적은 안심 부위예요. 짜장면을 호로록 먹을 때 입안에 비계가 있으면 아무래도 별로겠죠?

나는 기름기가 있는 고기를 좋아하지만, 짜장면에 들어가는 건 살코기도 맛있어요. 춘장을 볶을 때 이미 기름이 많이 들어가는 데다가 살코기는 면과 같이 후루룩 먹을 때 아주 잘 어우러지거든요. 이제 겨우 고기를 썰었는데, '후루룩' 하고 소리를 내니 배에서 '꼬르륵' 답했어요.

짜장면 배달에 꼭 필요한 가방

초기에 중국요리를 파는 청요릿집은 고급 식당이었고, 배달도 하지 않았어요. 그러다가 1970년대 중국 음식점이 대중화되면서 배달하는 곳도 빠르게 늘어났지요.

맨 처음 배달을 시작했을 때엔 나무로 만든 가방을 썼어요. 배달원이 한 손으로는 나무 가방을 들고, 나머지 한 손으로 자전거 핸들을 잡은 채 배달했대요. 포장에 쓰는 랩도 흔하지 않았으니 국물 음식을 배달할 때엔 주전자에 국물을 따로 담아야 했어요. 하지만 나무 소재가 무거운 데다 국물이 흐르면서 나무에 스며들어, 배달 가방은 곧 철이나 알루미늄 소재로 바뀌었어요.

철가방은 여러모로 쓸모가 있었어요. 뚜껑이 쉽게 열리지 않아 안전하고, 배달하다가 약간 찌그러져도 다시 펼 수 있으며, 음식물을 흘려도 행주로 닦으면 말끔했어요. 2단, 3단, 4단 등 여러 칸으로 나뉘어서 음식을 구분해 담을 수도 있고요.

나무 가방(위)과 철가방
배달 가방의 소재가 세월에 따라 바뀌긴 했지만, 모습은 비슷해요. 배달하기 쉽도록 가방에 손잡이가 달리고, 내부는 여러 칸으로 나뉘어 있지요.

요즘은 배달할 때 편리하고 보온 기능이 있는 합성 섬유 가방을 써요.

중국 음식점 이름은 다 비슷하다고?

 혹시 지금 막 떠오르는 중국 음식점 이름이 있나요? 준희 엄마가 좋아하는 중국 음식점 이름은 북경 반점이래요. 중국 음식점 이름에 '반점'이라는 말은 왜 붙은 걸까요? 중국에서는 식당을 '판띠엔'이라고 부르는데, 이것을 한자음 그대로 읽으면 '반점(飯店)'이 되어요. 그래서 우리나라에서 중국요리를 파는 식당 이름에 '반점'이 많이 보이는 거예요. 복성루, 취영루 등 이름 끝에 '다락루(樓)' 자가 들어간 이름도 많은데, 여기에는 '점포'라는 뜻이 담겨 있어요.

 '집 각(閣)'으로 끝나는 이름도 많지요. '높고 큰 집'이라는 뜻을 담고 있어요. 예전에는 중국 음식점이 보통 숙박업을 겸하느라 2층이나 3층 건물이었어요. 지금은 그런 문화가 사라졌지만, 그때 명칭이 그대로 쓰이고 있지요.

'우두머리'가 업신여기는 뜻으로 바뀌다니?

　예전에는 철가방을 싣고 배달 가는 중국 음식점 직원을 보면 '짱깨'라고 업신여겨 부르는 일이 종종 있었어요. 존중해야 할 직업을 그렇게 낮추어 부르는 건 예의 없는 행동이에요. 대체 이 말은 어디에서 왔을까요?

　조선 시대 말에 우리나라에 중국 음식점이 들어서기 시작했는데, 그때 중국 음식점 주인을 '장구이'라고 불렀어요. 한자음 그대로 읽으면 장궤(掌櫃)가 되지요. 장구이는 '가게의 우두머리, 가게 주인'을 가리키는 말이에요. 장구이가 점점 짱깨로 변형되었지요.

　낮추어 부르는 말이 실은 우두머리를 가리키는 낱말에서 비롯되었다니 이상하지요? 어떤 말을 쓸 때 한 번쯤 그 말의 뜻을 파악해 알맞게 쓰려는 노력이 필요해요.

시대마다 다른 짜장면값

짜장면은 많은 사람이 먹는 데다가 자주 사 먹는 음식이기 때문에 외식 문화에서 음식값의 중요한 지표가 돼요. 1960년대 초 짜장면값은 15원이었어요. 1970년대 초에는 100원이었고요. 1980년대에 들어 350원으로 올랐고, 1990년대 초 1,000원을 넘어섰어요.

지금은 짜장면값이 훨씬 많이 올랐어요. 2000년대로 접어들면서 3,000원이 되었고 2020년에는 5,000원이 넘는 중국 음식점도 생겨났어요. 2020년 기준으로 짜장면값을 약 5,000원이라고 가정한다면 60년 동안 짜장면값은 333배가량 오른 거예요. 1960년대 초에 쌀 한 가마니가 3,010원이었다가 2020년 192,572원으로 64배가량 오른 것에 비하면 어마어마하게 오른 것이지요.

1960년대 초 :
쌀 한 가마니(80kg) 3,010원

64배

2020년 :
쌀 한 가마니(80kg) 192,572원

1960년대 초 :
짜장면 15원

318배

2020년 :
짜장면 4,771원

4. 쫄깃한 면 준비하기

    이제 면을 준비할 차례예요. 아빠는 기다란 행주를 들고는 식탁에 탁탁 내리치는 시늉을 해 보였어요.
    "아빠, 수타면이에요?"
    "그럼, 수타 짜장의 진수를 보여 주겠다!"
    내가 수타면의 뜻을 알게 된 건 다 아빠 덕분이에요. 예전에는 수타면, 수타 짜장, 수타 짬뽕 이런 낱말을 보면 직접 만들었나 보다, 정도로만 생각했어요. 하지만 '수타'의 뜻을 정확하게 알고 난 뒤로는 진짜 수타면을 만드는 집이라면 관심 있게 보게 되었어요. 수타는 한자로, '손 수(手)'와 '칠 타(打)'로 이루어진 말이에요. 그러니까 수타면은 손으로 탁탁 내리쳐서 만든 면발이라는 거예요.
    우리 아빠는 진짜 수타면을 만들 수 없지만 수타면 만드는 흉내는 세계 최고 수준이에요. 수타면 뽑는 광경이라면 넋 놓고 보는 나를 위해, 함께 수타 짜장 음식점에 얼마나 많이 갔는지 몰라요. 공중에서 춤을 추듯 휘휘 날아다니던 면발들이 바닥에 탁탁 떨어지는 순간, 잘게 부서지며 엄청난 속도로 늘어나요. 한 가닥이었던 면발을 바닥에 쳐서 접으면 두 가닥이 되고, 두 가닥이었던 면발을 쳐서 접으면 네 가닥이 되고, 그다음엔 여덟 가닥, 열여섯 가닥, 서른두 가닥, 예순네 가닥…… 이렇게 늘어나요. 그러다 보면 금방 짜장면이나 짬뽕 한 그릇을 만들 정도로 면발이 많아지는 거예요.

 오늘은 수타면이 아니라서 아쉽지만, 아빠가 구할 수 있는 최고의 생면을 꺼냈어요. 생면은 면을 건조하지 않고 수분이 많도록 가공한 거래요. 생면으로 짜장면을 만들면, 면이 부드럽고 촉

── 면 준비하는 법 ──

1. 냄비에 물을 부어 끓인다.

2. 물이 팔팔 끓으면 생면을 넣는다.

3. 3분 정도 삶은 다음, 건져서 찬물에 헹군다.

4. 체에 밭쳐 물기를 빼 둔다.

촉하고 소화도 잘 되어서 우리 아빠는 꼭 생면을 써요.

 문득 처음으로 수타 짜장을 먹었을 때가 떠올랐어요. 멋진 사촌인 준호 오빠의 중학교 졸업식 날이었어요. 수타면 만드는 걸 처음 봤는데, 그날 결심했어요. 나도 졸업식 날 수타면으로 요리하는 중국집에 가겠다고요.

 물론 특별한 날에만 짜장면을 먹을 수 있는 건 아니에요. 하지만 왠지 특별한 날에는 중국집에 가고 싶은 마음이 들어요. 아빠와 함께 수타면 만드는 모습을 보던 때의 즐거운 기분과 준호 오빠 졸업식 날 할머니, 할아버지, 고모, 삼촌, 엄마, 아빠, 완이까지

나도, 나도 만들래!

와, 수타면이다. 멋있어요!

모두 둘러앉아 신나게 이야기꽃을 피우던 분위기가 떠올라서일 거예요.

  물론 이렇게 아빠와 집에서 짜장면을 만드는 기분도 좋아요. 언젠가는 내가 엄마, 아빠에게 처음부터 끝까지 혼자 힘으로 짜장면을 만들어 드릴 거예요.

  "완이도 짜장면 좋지? 이 누나가 나중에 만들어 줄게!"

  지난 일이 떠오르자 완이가 문득 귀엽게 느껴져서 고 녀석의

머리를 쓰다듬어 주었는데, 그런 감정은 정말로 한순간이었어요.

완이는 이미 생면으로 자기만의 짜장면을 만들고 있었어요. 대체 완이는 어떻게 식탁 밑에서 재료를 다 가져오는 걸까요? 점점 수상쩍다는 생각이 들었어요. 생면 몇 가닥이 소꿉 냄비에 어떻게 있는 건지 알 수 없었지만, 냄비 속 목걸이와 끈 떨어진 팔찌는 어떻게 가져왔는지 빤히 알아요. 완이가 즐기는 놀이 가운데 하나가 내 물건 뒤지기니까요. 그렇다고 이해한다는 뜻은 아니에요.

"야! 이완!"

조금 전 완이가 사랑스러운 마음은 온데간데없어졌어요.

그사이 보글보글 물이 끓었어요. 아빠가 생면을 넣고 삶았어요. 면에 따라 익히는 정도는 달라요. 우리는 늘 설명서를 읽고 정확하게 따라 하려고 노력해요. 면이 다 삶아지자 아빠는 찬물에 헹군 다음, 체에 밭쳐 물기를 뺐어요.

짜장면을 만드는 과정이 늘 순탄하기만 한 건 아니에요. 세상 많은 일이 그러하듯이 말이에요. 액세서리 몇 개가 밀가루 범벅이 되고서야 투명에 가까운 뽀얀 빛깔의 탱탱한, 4인분의 생면이 그릇에 담겼어요.

아쉽지만 오늘은 생면을 쓸 거야.

쭉쭉 늘어나는 수타면

우리나라에서도 예부터 칼국수, 잔치국수 같은 면 요리를 해 먹었어요. 밀대로 반죽을 평평하게 민 다음, 칼로 가느다랗게 잘라 면을 만들었지요.

이와 달리, 중국에서 들여온 수타면은 오직 손으로만 면을 만들어요. 어떻게 가능하냐고요? 밀가루에는 글리아딘과 글루테닌 성분이 있어요. 글리아딘은 밀가루를 잘 늘어나게 하고, 글루테닌은 밀가루가 끊어지지 않고 팽팽하게 만들어요. 밀가루에 물을 넣어 반죽하면 이 두 가지 성분이 결합해 글루텐이 되는데, 글루텐 덕분에 밀가루 반죽은 땅땅 내리쳐도 끊어지지 않고 쭉쭉 늘어나는 면발이 돼요. 그래서 글리아딘과 글루테닌이 들어 있지 않은 쌀가루나 메밀가루로는 수타면을 만들 수 없어요.

수타면이 만들어지기까지

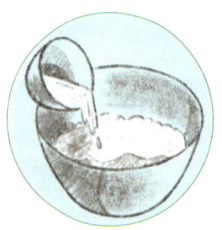
1. 밀가루에 소금물 부어 반죽하기

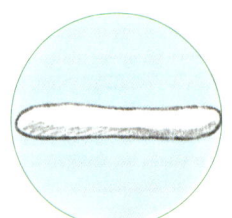
2. 밀가루 반죽을 길게 만들기

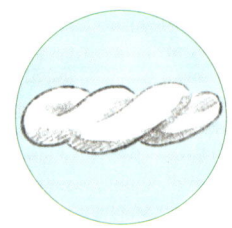
3. 양 끝을 꽈배기처럼 꼬면서 반으로 접기

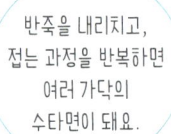
반죽을 내리치고, 접는 과정을 반복하면 여러 가닥의 수타면이 돼요.

4. 반죽의 양 끝을 잡고 흔들며 길게 늘이기

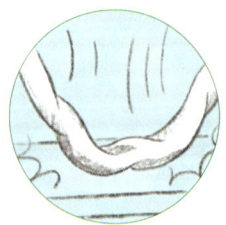
5. 늘인 반죽을 도마에 땅땅 내리치기

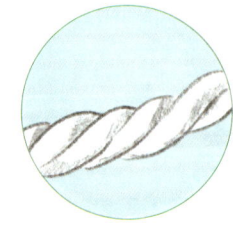
6. 다시 반죽을 꼬면서 반으로 접기

어린이 입맛을 사로잡은 면 요리

'단짠단짠'이라는 말, 혹시 아나요? 표준어는 아니지만, 달고 짭조름하다는 뜻으로 요즘 많이 쓰는 말이에요. '단짠단짠'의 대표 음식 가운데 하나가 짜장면이에요. 달콤하고 짭조름하게 간이 딱 배어 있는 짜장면은 어른이고, 어린이고 누구나 좋아할 수밖에 없는 맛이에요.

어린이들이 짜장면을 좋아하는 이유는 하나 더 있어요. 짜장면이 입술에 닿는 순간 입안으로 후루룩후루룩 빨려 들어가는 식감은 누구라도 반할 만해요. 라면, 스파게티, 우동, 국수, 쫄면, 칼국수, 냉면, 쌀국수 등 다양한 면 요리를 먹을 때도 마찬가지지요. 여러분이 가장 좋아하는 면 요리는 무엇인가요? 짜장면에 이어 어떤 면 요리를 만들 수 있을지 생각해 봐요.

라면 스파게티 우동

쫄면 칼국수 냉면

짜장면 만들기

5. 팬에 재료 넣고 볶기

    이제 각종 재료를 달달 볶을 차례예요. 아빠가 짜장면 만드는 과정 중에 내가 가장 좋아하는 시간이에요. 왜냐하면 멋진 쇼가 기다리고 있거든요.

    아빠와 나는 요리 프로그램을 즐겨 봐요. 텔레비전에 나오는 요리사들이 만드는 음식은 다 대단해 보여요. 요리할 때 화려한 동작까지 보여 주면 저절로 군침이 돌지요. 조미료 통 두 개를 양손으로 동시에 던지고 받는 쇼는 영화 속 한 장면 같아요. 팔을 높이 들어 올린 채 손목을 확 꺾어 양념을 뿌리는 광경은 언제 봐도 식욕이 돋아요. 애피타이저처럼 말이에요. 물론 냄비나 프라이팬에 뿌리는 양념보다 공중에 흩날리고 바닥에 흩뿌려지는 양이 훨씬 많지만요. 어떤 요리사가 뒤돌아서서 부족한 양념을 채워 넣는 걸 본 적도 있어요. 쇼에만 관심이 있는 시청자라면 모를까, 나처럼 요리에 관심이 많은 사람이라면 금세 알아챌

수 있지요. 아, 어쩌면 아빠가 늘 그렇게 하기 때문일지도 모르겠어요.

아빠가 웍을 달구었어요. 기름 온도가 올라가니까 이제 함부로 손댈 수 없는 열기가 느껴졌어요. 아빠는 생강, 마늘, 대파를

recipe tip
― 재료 넣고 볶는 법 ―

1. 웍을 어느 정도 달군 다음, 기름을 붓는다.

2. 센 불에 생강, 마늘, 대파를 볶다가 돼지고기를 넣고 함께 볶는다.

3. 준비해 둔 춘장을 넣고 볶다가, 청주와 간장을 약간 넣는다.

4. 청주의 향이 날아가면 채소를 넣고 익힌다.

5. 물, 굴소스, 설탕을 적당량 넣어 간을 맞춘다.

6. 물녹말을 부어 농도를 맞춘다.

넣고 센 불에 볶았어요. 그러고는 네모나게 썰어 둔 돼지고기를 넣었어요. 아빠는 웍을 들어 앞뒤로 왔다 갔다 하며 리듬에 맞추어 흔들었어요. 그러자 대파와 고기가 아빠의 손놀림에 따라 우아한 곡선을 그리며 춤을 추었어요.

"아빠, 기름 위에서 안심이 춤을 추네요. 멋져요!"

"이게 짜장면의 핵심이지! 웍을 리듬에 맞추어 아름답게 흔들면서 채소와 돼지고기 맛이 잘 어우러지게 익히는 거야."

"채소와 고기가 어우러지는 맛이라니! 짜장면은 그냥 짜장 맛이라고 생각했는데, 오늘 이 명언은 꼭 적어 둬야겠어요."

"명언이 뭐야? 겨우 짜장이 짜장 맛이지."

식탁 아래 완이가 또 찬물을 끼얹었어요.

"너 진짜 내 말에 자꾸 토 달래? 그리고 '겨우'가 아니라 '어쨌든'이겠지."

"나 안 토했는데."

"식탁 앞에서 '토'라니, 맙소사! 야, 이완!"

우리가 점점 일주일에 서너 번 정도 일어나는 전쟁을 향해 치달을 분위기가 되자, 아빠가 나섰어요.

"얘들아, 이 기름 보이지?"

우리 둘 다 아빠를 빤히 보았어요. 뭔가 중요한 얘기를 해 줄 것 같았거든요.

"옛날에는 웍을 달군 뒤 돼지기름을 써서 재료들을 볶았단다. 아빠 생각에도 옛날 맛있는 짜장의 핵심은 라드야."

"라드요?"

"돼지고기에서 나온 기름을 말한단다. 삼겹살에 붙어 있는 비계 있지? 우리 준희가 좋아하는 그 비계에서 나오는 기름이 바로, 라드!"

나는 새로운 이름을 알게 되는 걸 아주 좋아해요. 아빠도 그걸 노린 거겠지만요. 내가 고개를 끄덕이고는 완이를 향해 아빠의 가르침을 전했어요.

"따라해 봐. 라드!"

그러자 완이도 신기하다는 듯 대답했어요.

"라드!"

우리는 라드 덕분에 잠시 휴전 상태가 되었어요.

"돼지기름이 얼마나 중요한지 알겠지? 짜장면을 맛있게 해 주는 일등 공신이라고. 그러니 앞으로는 살코기만 먹지 말고 비계도 좀 먹어 봐. 편식 말고 다양하게 먹어야지."

"누나도 편식하잖아."

"너 편식이 무슨 말인지나 알고 하는 소리야?"

우리가 또 으르렁거리자 아빠가 또 나섰어요.

"나이 차이도 많은 녀석들이 싸우기는! 우리 준희는 비계, 완이는 살코기. 이렇게 먹으니 식탁이 평화로운데, 왜 굳이 평화를 깨지? 하하. 다만 조금씩만 골고루 먹기로 하자, 얘들아."

"네."

나는 완이에게 괜한 소리를 했나 싶어 얼굴을 좀 붉혔는데, 완이의 팬 위에는 이미 하얗게 익은 돼지고기 조각이 몇 개나 있었어요.

"이 돼지고기는 또 어떻게 여기 있는 거야?"

"누나, 안심해. 안심이야, 안심."

"안심이란 단어는 또 언제 들은 거야? 안심이 뭔 줄은 알아?"

"내가 좋아하는 살코기."

아빠와 나는 완이에게 두 손 두 발 다 들었다는 듯, 나란히 어깨를 으쓱해 보였어요. 완이에게 정말로 불과 웍만 있었다면 진짜 짜장면을 완성했을 것만 같아요.

이제 아빠가 춘장을 부었어요. 드디어 짜장면다워졌어요. 이어서 청주와 간장을 조금 넣었고요, 그다음엔 준비해 둔 채소를 넣었지요. 대파와 고기는 벌써 노릇해지고, 그사이에 뽀얀 빛깔의 양파도 짜장면 빛깔을 띠기 시작했어요.

이제 내가 기다리던 순간이에요!

불길이 솟구쳤어요.

"아빠, 멋져요!"

나는 아빠를 향해 양손의 엄지를 치켜세워 보였어요. 불길 사이로 더, 더 노릇해지는 채소는 불에 탈 듯 타지 않고 담백하고 고소한 냄새를 풍겼어요.

맨 처음 아빠가 웍 위로 불길을 만들어 냈을 때가 떠올랐어요. 그때 내가 외친 말은 "멋져요!"가 아니라 "불이야!"였어요. 정말 불이 나는 줄 알았거든요.

아빠가 손목을 움직여 웍을 탁탁 튕기면 채소가 리듬에 맞추어 튀어 올라요. 그러면 채소에 묻어 있는 기름과 가스 불이 만나서 불길이 치솟아요. 난 처음에는 아빠가 그 불길에 채소를 익히려는 건 줄 알았어요. 하지만 그건 아니래요. 웍을 튕기는 건 공기 중의 수증기와 채소를 만나게 하려는 거래요. 멋있게 보이려고 불 쇼를 하는 줄 알았는데, 다 이유가 있었던 거지요. 그렇게 겉과 속을 골고루 익힌 채소와 고기는 그냥 프라이팬 위에서 볶은 것보다 냄새도 훨씬 좋고 맛도 좋아요.

돼지고기와 채소와 짜장이 섞이니, 와! 중국집에서 나는 냄새가 온 집 안에 퍼지기 시작했어요.

"두구두구두구, 곧 짜장면이 나옵니다. 기다려 주세요!"

나는 젓가락으로 식탁을 두드리며 떠들었어요. 완이도 덩달아 신나서 놀이용 드럼스틱으로 식탁 한쪽을 두드리며 나를 따라 했어요.

"두두두, 두두. 두두, 두두두두."
완이 입에서 침이 살짝 흘렀어요.
"아빠, 어서 담아 주세요! 완이도 배고프대요. 하하."
하지만 아직 끝난 게 아니에요. 아빠는 물과 굴소스, 설탕을

넣어서 간을 맞추었어요. 그런 다음, 마지막으로 녹말가루를 녹인 물을 부었어요. 드디어 짜장 소스 완성!

두두두,
두두,
두두두!

소스를 걸쭉하게 만드는 물녹말

채소와 고기를 춘장과 함께 볶은 소스는 묽어요. 소스가 국물처럼 줄줄 흐른다면 채소와 고기를 먹기 힘들겠죠? 짜장 소스를 걸쭉하게 만들기 위해, 녹말가루를 물에 풀어서 넣어요. 녹말가루를 짜장 소스에 바로 넣지 않는 건 녹말이 잘 풀어지지 않고 덩어리지기 때문이에요.

녹말가루를 미리 물에 풀어서 쓰면 훨씬 쉽게 걸쭉한 요리를 만들 수 있어요. 스파게티, 마파두부, 다양한 찜 요리를 만들 때도 이 물녹말을 쓰는데, 주로 조리 마지막 단계에 넣어 소스를 되직하게 해요. 또 물녹말은 국물 음식을 빨리 식지 않게 하고, 볶음 요리에 윤기가 흐르도록 해 주어요.

물녹말은 주로 물과 녹말가루를 1대 1의 비율로 섞어 만들어요. 간단하지만 한 번 알아 두면 멋진 요리를 완성할 수 있는 비법이에요.

시간이 지나 녹말이 가라앉으면 다시 저어 사용해요!

불 쇼가 짜장면을 더 맛있게 해 준다고?

준희 아빠가 짜장 소스를 볶을 때 웍을 위로 여러 번 튕겼죠? 웍으로 요리할 때 가장 중요한 부분이에요. 재료가 위로 튕겨 올라가면서 수증기와 만나 익혀지는데, 때로는 불길과 웍 속의 기름이 만나 재료에 불이 붙기도 해요. 이 불길에 재료가 닿으면 다채로운 풍미가 나지요.

중국요리는 지역에 따라 크게 베이징 요리, 난징 요리, 상하이 요리, 광둥 요리, 쓰촨 요리 등으로 나눌 수 있어요. 지역별로 특색이 다른데, 우리에게 가장 익숙한 건 베이징 요리일 거예요. 베이징은 추운 북쪽에 위치해서 사람들이 열량 높은 음식을 먹었어요. 그래서 센 불에 재료를 재빨리 조리하는 볶음 요리가 발달했어요. 베이징에서도 짜장면을 즐겨 먹어요. 유명했던 짜장면 가게에 추억이 있는 사람도 많아요. 물론 그 짜장면은 우리의 짜장면과 조금 다르지만요.

다양한 취향, 다양한 짜장면

짜장면은 종류가 다양해요. 사람들 입맛에 맞게 변화해 오면서 다양한 취향을 고려하여 들어가는 재료, 맵기, 조리 순서, 농도, 식감, 모양 등에 변화를 주어 오늘날 여러 짜장면이 탄생했어요.

옛날짜장
양파, 양배추, 감자를 굵직하게 썰어 춘장과 함께 볶다가 물녹말을 넣어 농도를 맞춰요.

간짜장
춘장에 물녹말을 넣지 않고 기름에 볶아 내요.

유니짜장
돼지고기를 곱게 갈아서 담백하게 만들어요.

삼선짜장
세 가지 이상의 해산물이 들어간 짜장면으로, 주로 새우, 갑오징어, 건해삼 등을 넣어 만들어요.

쟁반짜장
춘장과 면을 함께 볶아 커다란 쟁반에 담아내요.

사천짜장
고추기름을 사용해 붉은 빛깔을 띠고 매운맛이 나도록 만들어요.

고추짜장
고추기름과 청양고추를 사용한 장에 면을 비벼 먹어요.

유슬짜장
각종 재료를 면발처럼 길쭉하게 썰어 소스가 남지 않게 먹을 수 있도록 납작한 접시에 내요.

 **6. 그릇에 예쁘게 담기**

　자, 이제 그릇에 담을 차례예요. 이건 늘 내 몫이에요. 어떤 그릇에 무엇을 담든 세상에서 가장 멋진 요리처럼 보이게 하는 놀라운 실력을 보여 주어야지요. 요리를 맛있게 하는 것도 중요하지만, 요리를 다한 뒤 정성스럽게 담아내는 것도 아주 중요하다고 어디선가 들었어요.

　먼저 나는 '짜장면 그릇다운 그릇'을 찾았어요. '짜장면 그릇다운 그릇'이 뭐냐고요? 짜장면의 특징을 생각해 보면 아주 쉬워요. 아, 더 쉬운 방법은 중국집에서 짜장면을 어디에 담아 주는지를 떠올려 보면 되지요.

　짜장면은 면과 소스를 비벼야 하기 때문에, 그릇이 둥글고 오목한 게 좋아요. 언젠가 짜장 라면을 네모반듯한 유리그릇에 담은 적이 있었는데, 비비기에 정말 최악이었어요. 또 잘 비비려면 짜장면 양보다 두 배 정도 넓은 공간이 필요하니 그릇은 좀 큼직

해야 해요. 잘 만든 짜장면을 밥그릇에 담는 건 말이 안 되겠죠?

나는 가장 알맞아 보이는 그릇에 면을 예쁘게 담고, 그 둘레로 소스를 담은 뒤, 마지막으로 삶아 둔 완두콩을 올렸어요. 캐러멜 빛깔의 달달한 소스와 뽀얗고 쫄깃한 면, 그리고 초록 빛깔 싱그러운 완두가 잘 어울렸어요. 마치 멋지게 디자인한 포스터를 보는 것 같은 기분도 들었지요.

하지만 이게 다가 아니에요. 완벽해지려면 좀 더 남았어요. 이 보조 요리사 비장의 무기, 세팅! 오늘은 특별히 붉은색 식탁보를 깔고 싶었어요. 중국집 분위기를 내는 데 붉은색이 빠지면 안 되지요. 하지만 집 구석구석을 뒤져도 적당한 게 없었어요. 그러다 문득 얼마 전 할머니가 나물을 싸 들고 오신 날이 떠올랐어요. 할머니는 편리한 종이 가방도, 비닐봉지도 잘 쓰지 않아요. 우리 집에 오실 때면 천으로 된 장바구니 하나와 붉은색 비단 보자기 하나를 세트처럼 들고 오시는데, 그날도 그랬어요.

나는 그 붉은색 보자기를 찾으려고 방으로 들어갔어요. 내 방 옷장 서랍 맨 아래 칸에 넣어 둔 게 떠올랐거든요. 보통 어린이라면 붉은색 보자기 따위는 취급하지 않겠지만, 장차 요리사가 될지도 모르는 이 이준희는 달라요. 서랍 깊고 깊은 곳에서 붉은 비단이 반짝반짝 빛났어요.

"오늘의 식탁을 완성해 줄 보자기, 가자!"

나는 붉은색 비단 보자기를 다시 펼친 다음, 단정하게 착착 개어 부엌으로 나갔어요. 유명한 식당의 지배인이라도 된 것처럼 허리를 곧게 펴고 예의 바른 자세로 손바닥 위에 보자기를 올린 채 말이지요.

그런데 부엌에 도착해 내가 본 건, 완이의 붉은색 망토였어요. 세상에! 융으로 된 도톰하고 폭신폭신한 크리스마스 망토라니요! 가장자리가 복슬복슬한 하얀 털실로 된 거 있잖아요. 산타 할아버지가 크리스마스 선물을 넣고 다닌다는 빨간색 털실로 짠 주머니까지 있었어요. 어이없는 물건들로 선수 친 완이 앞에서 나는 할 말을 잃었어요.

"크리스마스에 짜장면 먹었던 것처럼 해야지."

"아, 이유가 있기는 했구나. 아빠, 정말 고생 많으세요."

"누나 키우느라고 고생 많았습니다."

아빠와 나는 할 말을 잃었다는 표정으로 잠시 정지 상태였어요. 그사이 식탁에는 산타클로스의 망토와 주머니가 화려하게 깔렸어요. 음식을 차리기에 알맞아 보이지는 않았지만, 우리는 완이의 기억을 존중해 주기로 했지요. 완이가 꾸민 식탁은 완이표 짜장면과 썩 잘 어울렸어요. 오렌지 빛깔의 얇은 양파 껍질과 노란 빛깔의 대파, 감자 샐러드처럼 변한 호박, 푸릇한 완두콩, 탱탱한 생면 몇 가닥 그리고 내 목걸이와 팔찌에서 떨어진 비즈

가 한데 어우러진 세상에 없는 요리 한 그릇. 물론 먹을 수는 없어요. 하지만 세상 어디에서 저런 반짝이는 짜장 요리를 볼 수 있을까요?

내가 가져온 보자기도 나란히 깔았어요. 뭔가 어설퍼 보이고 부자연스럽지만, 왠지 즐거운 기분이 들었어요. 짠, 짜잔. 이제 멋진 식탁이 준비되었어요.

아빠는 진심으로 우리에게 감탄했어요. 우리 집 아이들의 감각이 보통이 아니라며 추켜세워 주었죠. 아빠의 엄지손가락은 늘 진심이에요. 그리고 나도 그렇게 생각해요, 후훗.

중국 음식점에서 빠질 수 없는 요리

중국 음식점의 3대 요리가 무엇이냐고 물으면 누구나 쉽게 대답할 수 있을 거예요. 짜장면, 짬뽕, 탕수육! 짬뽕이 우리나라에 들어온 시기도 짜장면이 들어온 시기와 비슷해요. 짬뽕은 초기에 국물이 맑았는데 점차 매콤하고 얼큰한 음식으로 변했어요. 탕수육은 돼지고기에 물녹말을 묻혀 튀겨, 새콤달콤한 소스와 곁들여 먹는 음식이에요. 지역에 따라 조금씩 다르기는 하지만 중국 곳곳에서 찾아볼 수 있는 음식이지요.

짜장면과 짬뽕은 이따금 우리에게 고민을 안겨 주어요. '짜장면을 시킬까, 짬뽕을 시킬까?' 고민하는 사람이 얼마나 많았으면 '짬짜면'이라는 메뉴까지 탄생했을까요? 중국 음식점에 가면 시작되는 그 고민은 앞으로도 계속될 거예요. 단지 짜장면과 짬뽕이 각각 다른 매력으로 중국 음식점의 양대 산맥이라는 것을 인정할 수밖에요. 짜장면과 짬뽕이 다양한 형태로 나와 있는 걸 보면, 사람들이 이 두 가지 음식을 얼마나 좋아하는지 알 수 있어요.

탕수육

짬짜면

짜장면에 하나 더, 단무지

짜장면을 먹을 때 빠지면 아쉬운 음식이 하나 있어요. 바로 단무지예요. 단무지는 일본에서 유래한 음식으로 우리나라의 장아찌와 비슷한 종류예요. 말리거나 소금에 절인 무를 소금과 쌀겨를 섞은 데에 파묻어 발효시켜 만들지요. 중국 음식점이나 분식집에서 우리가 흔히 먹는 단무지는 이러한 전통 방식으로 만든 것은 아니에요. 여러 가지 조미료를 넣은 조미액에 무를 담갔다가 살균해 만들지요.

단무지

반찬으로 자차이를 내주는 중국 음식점도 있어요. 흔히 '짜사이'라고 부르는데 중국 쓰촨성의 대표 음식이에요. '착채'라는 채소에 양파를 넣고 설탕, 식초, 고추기름, 참기름 등 각종 양념을 버무려 만들어요.

자차이

중국 음식점에서 단무지를 먹을 때 식초를 뿌리는 걸 본 적이 있나요? 돼지기름으로 볶는 짜장 소스에는 지방 성분이 많은데, 식초는 지방을 분해해 주는 데다가 짜장면의 감칠맛을 더해 주어요. 자차이를 담글 때도 식초가 들어간답니다. 중국 음식점 탁자 위에 왜 항상 식초가 놓여 있는지 이제 알겠죠?

식초

짜장면에 식초를 넣으면 더 맛있고 건강하게 먹을 수 있어요!

짜장면 이야기

중국 음식점에서 만나는 중국 문화

중국요리를 만드는 많은 식당이 가게를 중국풍으로 꾸며요. 그렇게 해야 중국요리를 더 잘할 것 같은 신뢰를 준다고 생각하기 때문일 거예요. 화교 출신의 주인이 운영하는 중국 음식점은 특별히 꾸미려고 하지 않아도 식당 곳곳에서 중국의 빛깔이 배어나요. 붉은 빛깔의 화려한 간판을 달고 있는 중국 음식점에 가면 다양한 중국 문화를 만날 수 있어요.

붉은색 탁자보
중국인들은 붉은색을 참 좋아해요. 붉은 빛깔이 부와 행운을 가져온다고 믿거든요. 중국의 국기인 오성홍기도 붉은색이며, 새해나 결혼식 등 특별한 날에는 붉은색 장식으로 공간을 꾸며요. 이렇듯 붉은 빛깔을 좋아하는 중국인들이니, 소중한 시간을 보내는 음식점의 탁자보로 붉은색을 택하는 건 어쩌면 당연한 일이겠지요?

벽을 장식하는 용 그림
중국 음식점에는 유난히 용 그림이 많아요. 용은 중국을 상징하는 동물이에요.

물 대신 나오는 차
중국인들은 약 5천 년 전부터 차를 마셨어요. 중국의 차는 일본, 티베트 등으로 전파되었고 훗날 유럽으로 전해지면서 더욱 유명해졌어요. 중국인들은 하루에 세 번 이상 뜨거운 차를 마셔요. 중국은 물에 석회 성분과 황토가 많아 수질이 좋지 않은데, 끓인 물에 찻잎을 넣으면 석회 성분이 찻잎에 달라붙어요. 깨끗한 물을 마실 수 있는 거죠. 또한 차는 음식의 기름기가 몸에 쌓이지 않도록 해 줘요.

치파오
종종 중국 음식점에서 치파오를 입은 점원들을 만날 수 있어요. 치파오는 중국의 전통 의상으로, 예전에는 남녀 의상 모두를 가리키는 말이었지만 점점 여성의 옷을 가리키게 되었어요. 중국 문화를 인상적으로 드러내고자 하는 중국 음식점에서는 일하는 사람들이 치파오를 입어요.

짜장면 완성!

 아빠와 짜장면을 다 만들었는데, 퇴근한 엄마가 집으로 들어왔어요. 엄마는 "음, 이게 무슨 냄새지?" 하고, 설레는 표정을 지어 보였어요. 우리는 동시에 크게 대답했어요.
 "짜장면!"
 "짜장면이요!"
 그러자 엄마가 아빠를 보며 환한 미소를 지어 보였어요.
 "당신이 가장 싫어하는 음식인데, 만드는 데는 선수 되겠어요!"
 "웍이 공중에서 날아다녀야 하는데 멀었지요, 뭐. 하하."
 엄마, 아빠의 대화를 듣던 나는 물었어요.
 "이렇게 짜장면을 잘 만드는데, 싫어한다고요?"
 그러자 아빠가 눈을 찡긋하며 대답했어요.
 "좀 많이 먹었거든."
 아빠는 대학생 때 학교 신문사에서 신문을 만들었대요. 지방에서 올라와 서울에서 대학교를 다닌 아빠는 먹을 것이 만만치 않을 때마다 짜장면을 시켜 먹었다고 해요. 학교 신문사에서 말이지요. 당시에는 짜장면이 가장 간단하고 값싸게 먹을 수 있는 음식이었대요.

나는 감동받았어요. 아빠가 엄마랑 연애할 때도 중국집에 잘 가지 않았다는데, 날 위해 이렇게 짜장면을 만들어 주시잖아요. 역시 우리 아빠!

엄마는 활짝 웃는 아빠를 향해 말했어요.

"오늘은 짬뽕이 먹고 싶었는데······."

장난기 어린 엄마의 얼굴을 보며 다 같이 활짝 웃었어요.

엄마가 손을 씻더니 식탁 앞에 앉았어요. 식탁에는 짜장면 네 그릇이 놓였어요. 아, 정확하게는 다섯 그릇이었어요. 완이의 특별한 짜장면, 비즈와 알록달록한 채소 자투리들이 제멋대로 섞인 세상에 없는 그 짜장면까지 합하면요.

"어머! 우리 완이 레시피 노트에 메뉴가 또 하나 늘었네. 알록달록 반짝반짝 짜장면!"

"한마디로 못 먹는 짜장면이겠죠."

엄마와 아빠의 찌릿한 눈초리에 나는 완이 놀리는 건 그만두기로 했어요. 짜장면은 정말 맛있을 때 먹어야 해요.

각자의 취향대로 맛있게 먹는 방법이 있어요. 나는 단무지 위에 식초를 살살 뿌렸어요. 아빠는 짜장면 위에 고춧가루를 조금 뿌렸고, 엄마는 식초를 약간 뿌렸어요. 완이와 내 짜장면 그릇 위에는 가장 꼭대기에 있는 것이 완두콩, 그게 끝이었어요.

　우리는 호로록호로록 짜장면을 먹었어요. 물론 완이는 완두콩을 식탁에 굴리며 노는 것도 잊지 않았어요.

한 그릇 더 주세요!

아빠표 짜장면 만들기

우리 아빠의 짜장면은 세계 최고지만 한 가지 문제가 있어요. 절대 미각 이준희의 기준에는 못 미치는 일관성 말이지요. 만들 때마다 맛이 미묘하게 다른 건 나름대로 재미가 있지만, 어느 날 먹었던 딱 그 짜장면이 먹고 싶다면 어떻게 하죠? 어느 중국집에 가면 꼭 원하던 맛의 짜장면을 먹을 수 있는 것처럼요. 물론 주방장이 바뀌었을 경우는 빼고요.

그래서 아빠가 짜장면을 만드는 사이, 나는 짜장면 만드는 과정을 꼼꼼하게 적어 두었어요. 아빠는 멋진 보조 요리사를 둔 덕에 늘 같은 맛을 유지하는 준희네 집 특급 요리사가 되는 거예요. 짜장면 만드는 비법서는 내 방 책장의 맨 아래 칸 오른쪽 끝에서 두 번째에 있어요.

누군가 눈치챘을 수도 있겠지만, 내가 조금 더 자라고 아빠도 엄마도 외출하고(물론 나를 귀찮게 할 완이도 함께 데리고 간 날) 집에 아무도 없는 날, 그날을 위한 것이기도 해요. 아빠보다 조금 더 맛있는 짜장면을 만들 거예요. 집으로 돌아온 가족이 다 놀라겠지요? 놀란 다음에는 행복해하면 좋겠어요. 그날을 위해 오늘도 열심히 보조 요리사는 달려요.

아빠표 짜장면 만드는 법

★ 재료 : 생면 800g, 춘장 8큰술(약 80g), 돼지고기 안심 600g
 양파 4개, 호박 2개, 대파 3대, 완두콩

★ 짜장 소스 : 마늘, 생강, 굴소스 8큰술, 설탕 2큰술, 청주 4큰술, 간장 4큰술, 물 12큰술, <u>물녹말 4큰술</u>
　　　　　　　　　　　　　　　　녹말가루 4큰술 + 물 4큰술

★ 만드는 법

— 프라이팬이나 웍에 기름을 두르고 중간세기 불에서 10분 정도 춘장을 볶아요. ← 볶은 춘장은 기름에 담가 둬요.

— 양파와 호박을 사방 1cm 크기로 깍둑 썰어요. 대파는 어슷 썰고 저민 마늘과 다진 생강도 준비해요.

— 완두콩을 끓는 물에 데친 뒤 찬물에 헹궈 물기를 빼요.

나는 프라이팬! — 돼지고기를 사방 1cm 크기로 깍둑 썰어요. ← 고기!

— 끓는 물에 생면을 넣고 3분 정도 익힌 뒤 찬물에 헹궈 체에 받쳐 둬요.

— 웍에 기름을 두르고 센 불에서 저민 마늘, 다진 생강, 대파를 볶아요. 마늘, 생강, 대파가 익으면 돼지고기를 넣어요.

★중요★ — 돼지고기가 익으면 준비한 춘장을 넣고 볶다가 청주와 간장을 넣어 함께 볶아요.

— 청주의 향이 날아가면 양파와 호박을 넣고 익혀요. 물, 굴소스, 설탕을 넣어 간을 맞춰요.

— 재료들이 바글바글 끓어오르면, 물녹말을 부어 되직해질 때까지 골고루 섞어요.

완성!

작가의 말

'소울 푸드'라는 말 들어 보았나요? 국어사전에는 없지만, 많이 쓰는 말입니다. 음식이나 식재료를 소개하는 교양 프로그램이나 먹는 모습을 찍는 예능 프로그램, 인터넷 방송 등에서 많이 접했을 거예요. '소울(soul)'은 '영혼'이라는 뜻이에요. 영혼과 음식이 무슨 상관이냐고요?

음식을 먹으면 배가 부르고 편안해지면서 안정감을 느끼게 됩니다. 그런 작용을 하는 음식 가운데 특히 더 맛있게 먹고, 눈앞에 없어도 이따금 떠오르고, 그 맛을 생각만 해도 기쁨이 밀려오는 경우가 있을 거예요. 우리는 그것을 '소울 푸드'라고 부릅니다.

짜장면은 많은 이들이 소울 푸드로 여기는 음식입니다. 기름진 고기와 어우러진 채소, 한 젓가락 떠 올리면 좌르르 흘러내리는 새까만 윤기가 눈을 자극하며 군침 돌게 합니다. 게다가 달짝지근하고 짭조름한 맛은 어린이라면 좋아할 수밖에 없습니다. 어릴 때 유독 맛있게 먹었던 짜장면에 대한 경험은 가족 관계, 어릴 적 꿈, 집 근처 중국 음식점에 얽힌 추억과 맞닿아 어른이 되었을 때도 마음을 흔듭니다.

우리 집에 사는 어린이들은 짜장면 한 그릇을 먹으면 흔적이 쉽게 정리되지 않습니다. 달걀말이, 미역국, 생선구이를 먹을 때와는 딴판이지요. 식탁은 까만 물감이라도 칠한 듯 여기저기 소스가 튀고, 옷 어딘가에는 얼룩이 생깁니다. 우리 집 어린이들은 짜장 소스가 튀지 않게 먹으려는 조심성을 발휘하지 않습니다. 하지만 조심성 있는 친구도 어디 한 군데는 짜장 흔적이 멋지게 남아 있을 거예요(분명해요!).

식탁과 옷에 얼룩이 남더라도 모든 감각을 활짝 열고 여러분이 음식을 만나는 순간들을 기억해 두세요. 양파의 겉껍질과 알맹이는 질감이 어떻게 다른지, 춘장이 기름 위에서 어떻게 율동하며 풀어지는지, 함께 먹는 가족이 여러분을 어떤 눈길로 바라보는지. 자세히 보고 기억하는 일상의 순간이 모여 여러분을 자라게 할 거예요. 아무리 평범하고 소박한 음식이라도 말이지요. 이야기가 깃들게 될 밥상을 겪으며, 언젠가 여러분도 어른이 되어 자신의 소울 푸드를 말하게 되겠지요?

- 정원

자료 저작권 목록

18쪽 국립민속박물관

19쪽 짜장면 박물관(위), 위키피디아 퍼블릭도메인(아래)

36쪽 짜장면 박물관(위), 국립민속박물관(아래)

놀라운 한 그릇 ❷
짜장면 공부책

처음 펴낸 날 2021년 9월 3일 세 번째 펴낸 날 2024년 12월 31일

글 정원 그림 경혜원
편집 오지명, 최미소 디자인 효효스튜디오
펴낸이 이은수 펴낸곳 초록개구리 출판등록 2004년 11월 22일 (제300-2004-217호)
주소 서울시 종로구 비봉 2길 32, 3동 101호 전화 02-6385-9930 팩스 0303-3443-9930
인스타그램 www.instagram.com/greenfrog_pub

ISBN 979-11-5782-108-2 74380 ISBN 979-11-5782-076-4(세트)